Do amor

Enéada III.5

O livro é a porta que se abre para a realização do homem.

Jair Lot Vieira

Plotino

Do amor
Enéada III.5

Introdução, tradução e notas

Maria Aparecida de Oliveira Silva
Graduada em História. Mestre em História Econômica
e Doutora em História Social (USP)
Pós-Doutora em Estudos Literários (UNESP)
Pós-Doutora em Letras Clássicas (USP)

Do Amor – Enéada III.5

Plotino

Introdução, tradução e notas: Maria Aparecida de Oliveira Silva

1ª Edição 2015

Editores: Jair Lot Vieira e Maíra Lot Vieira Micales
Produção editorial: Fernanda Rizzo Sanchez
Revisão: Tatiana Yumi Tanaka
Projeto gráfico e editoração eletrônica: Estúdio Design do Livro
Arte da capa: Estúdio Design do Livro
Imagem da capa: Pauws99 | iStockphoto

Dados Internacionais de Catalogação na Publicação (CIP)
(Câmara Brasileira do Livro, SP, Brasil)

Plotino
Do amor : Enéada III.5 / Plotino ; introdução, tradução e notas Maria Aparecida de Oliveira Silva. – São Paulo : EDIPRO, 2015.

Bibliografia.

ISBN 978-85-7283-917-4

1. Amor – Filosofia 2. Filosofia antiga 3. Neoplatonismo I. Silva, Maria Aparecida de Oliveira. II. Título.

15-00868 CDD-186.4

Índices para catálogo sistemático:
1. Neoplatonismo : Filosofia 186.4
2. Plotino : Filosofia 186.4

EDITORA AFILIADA

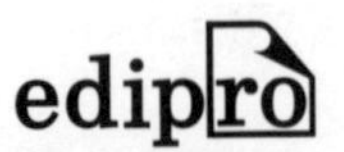

edições profissionais ltda.
São Paulo: Fone (11) 3107-4788 – Fax (11) 3107-0061
Bauru: Fone (14) 3234-4121 – Fax (14) 3234-4122
www.edipro.com.br

Sumário

INTRODUÇÃO

O tratado ou ensaio *Do amor* integra um conjunto de reflexões filosóficas sobre os mais variados temas de Plotino, que receberam o título em grego de'Εννεάδες, transliteradas como *Enneádes*. Por influência grega e tentativa de se manter o título original da obra, alguns a nomeiam *Enéades*, enquanto a tradição latina a denomina *Enéadas*, sendo este último o que predomina nas publicações atuais. O próprio Plotino não conferiu títulos aos seus tratados, como era comum no mundo antigo. Foi seu aluno e discípulo Porfírio, que também redigiu uma biografia de se seu mestre, quem

reuniu sua extensa obra, dividindo-a em seis tomos, dos quais cada um recebeu o nome de Ἐννεάδα (*Enneáda*), seguido de um número romano, indo do I ao VI, subdivididos em livros com capítulos. Desse modo, *Do amor* pertence à *Enéada III*, Livro 5, capítulos 1 a 9. O número 50, que aparece entre colchetes em nossa tradução, é a ordem sugerida por Porfírio aos escritos de seu mestre. Assim, *Do amor* teria sido o quinquagésimo dos seus tratados. Quanto à datação dos escritos plotinianos, apenas podemos afirmar que foram compostos entre 244 e 270 d.C., época em que o autor dedicou-se exclusivamente ao estudo e ao ensino da filosofia.

Neste breve tratado, não menos composto de importantíssimas e profundas reflexões sobre o amor, Plotino

tem como referência principal o diálogo platônico *O banquete*[1], no qual Platão traz sete discursos sobre a natureza do amor e de Eros. Sob essa perspectiva, Plotino inicia seu escrito assim:

> A respeito do amor, se é um deus, ou um gênio, ou uma paixão da alma, ou se existe um que é um deus ou um gênio, e um outro que é também uma paixão, e ainda qual é a natureza de cada um deles, convém examinar as concepções propostas pelos demais homens e quantas se originaram na filosofia a respeito disso e, sobretudo,

---

[1] PLATÃO. *Diálogos V.* Tradução, textos complementares e notas Edson Bini. São Paulo: EDIPRO, 2014.

> quantas o divino Platão concebeu; realmente, ele escreveu muitas coisas de diferentes formas sobre o amor dentre os seus diálogos; realmente, ele não somente versou sobre que o amor é uma paixão que se origina nas almas, mas também afirmou que ele era um gênio e discorreu sobre o seu nascimento, como e de onde é que se originou (*Do amor*, *Enéada*, III.5.1).

Portanto, vemos que o pensamento platônico atua como pano de fundo para a construção de Plotino sobre a natureza do amor, o papel desempenhado por Eros nesse sentimento tão humano e ao mesmo tempo divino. Contudo, Plotino demonstra independência nos seus pensa-

mentos ao construir interpretações próprias, diferentes das de Platão, contribuindo para a ampliação do debate acerca da concepção filosófica do amor. Em *Do amor*, ao contrário de *O banquete*, Plotino não se importa com a definição da natureza de Eros, mas sim em identificar os meios pelos quais aqueles que amam atingem o deus, porque quem ama enxerga o amado por meio de Eros: "Tal como quem deseja e é desejado, o olho de quem deseja se apresenta a quem é amado através dele pelo olhar" (*Do amor*, *Enéada*, III.5.2).

Para o autor, o amor tem como fim o bem, uma busca incessante do que é belo, pois a própria natureza originou-se a partir do belo, o que torna natural ao ser

tomado por esse sentimento que se aproxima do belo ansiar somente o belo. O amor também é a busca do belo por influência de Eros, que também nasceu no belo; então, a busca incansável pelo belo também conduz ao divino. O caráter divino do amor o afasta do que é perecível, portanto, da matéria. Como Platão, o autor acredita que o amor ultrapassa o plano físico, pois este se deteriora e o amor está à procura do que é divino, que está naquilo que é imortal, no que é atemporal, assim como a alma. Aqueles que se detêm ao amor do corpo saem do caminho natural dos seres amantes, que é a busca do belo para se perderem em desejos relacionados às paixões sensuais. Por essa busca vã pela aparência, esses seres, guiados pelas

paixões sensuais, cometem o engano de ver o que é belo onde não existe beleza, enxergam apenas uma ilusão e tendem a encontrar o que é feio, desviando-se para o que é mau e afastando-se do que é belo em si mesmo, conforme lemos a seguir:

> Aqueles que anseiam coisas más, porque seus maus desejos foram originados neles mesmos, acorrentaram todos os amores que existiam neles, tal como a reta razão, que a qualquer um é inata, por opiniões más que lhes sobrevêm. Os amores existem por natureza e conforme a sua natureza são belos; mas aqueles que têm a alma inferior são inferiores em dignidade e potência, enquanto os

> outros são superiores, mas todos se mantêm na sua própria essência (*Do amor*, *Enéada*, III.5.7).

Outra característica importante ao amor que busca o que é belo, o que está próximo do que é divino, é o amor das almas. Esse amor não pertence ao plano terreno, o que torna sua origem divina e sem nenhuma relação com o humano em sua gênese, visto que nasce da inteligência pura, que somente é encontrada no outro plano, no alto, isto é, no céu. Então, a concepção platônica[2] de que há dois tipos de Eros e de Afrodite, Pandemios e Urânios, leia-se, populares

[2] Ibidem, 180d.

e celestes, servem à visão de Plotino de que o amor real e puro tem sua origem no céu, como afirma:

> Dizemos, certamente, que Afrodite é de natureza dupla, dizem que uma é urânia, "filha de Urano", a outra nasceu de "Zeus e de Dione", esta é uma delas que participa como incentivadora dos casamentos neste plano; enquanto aquela é sem mãe e está além dos casamentos, porque os casamentos não existem no céu. Mas a que dizemos que é urânia nasceu de Crono, aquele que é a inteligência, e é obrigatório que tenha a alma mais divina, imediatamente após ter nascido dele, que é puro, e permanecendo pura lá no alto, por-

> que não quer nem pode ir para as coisas deste plano, porque é próprio da sua natureza, não nasceu para andar entre as coisas de baixo, por estar separada por uma realidade e por não ser partícipe da matéria – por essa razão, insinuam que ela é desse tipo, que ela é "sem mãe" –, certamente, com justiça, alguém poderia dizer que ela é uma deusa, não um gênio, porque não se mistura e permanece pura em si mesma (*Do amor, Enéada*, III.5.2).

Ora, se o amor nasce no céu, morada dos deuses, no entender de Plotino, ele possui uma inteligência pura e uma natureza imortal, portanto, o amor é engenhoso e

imperecível, e todo sentimento que não se identifica com essas qualidades não pode ser chamado de amor em si.

Para esta tradução, utilizamos o texto grego contido em *Enneades*. Ed. P. Henry; H. R. Schwyzer. *Plotini opera,* 3 vols. *Enneas III*: vol. 1, pp. 255-417. Leiden: Brill, 1:1951.

MARIA APARECIDA DE OLIVEIRA SILVA

Graduada em História. Mestre em História Econômica e Doutora em História Social (USP). Pós-Doutora em Estudos Literários (UNESP). Pós-Doutora em Letras Clássicas (USP). Obras publicadas: *Plutarco historiador:* análise das biografias espartanas (2006); *Plutarco.* Da malícia de Heródoto. Estudo, tradução e notas (2013); e *Plutarco e Roma:* o mundo grego Império (2014) – Todos publicados pela EDUSP.

LIVRO 5 [50]

Capítulo 1

A respeito do amor, se é um deus, ou um gênio[1], ou uma paixão[2] da alma, ou se existe um que é um deus[3] ou

---

[1] O termo utilizado em grego é δαίμων (*daímōn*), que em muitas traduções aparece apenas transliterado e grafado como daímon, por sua complexidade de interpretação. Os dicionários nos sugerem termos como "divindade", mas existe um termo específico para isso – θεῖος (*theîos*). Outros nomes sugeridos são "demônio" e "gênio", sendo este último o que escolhemos para o nosso texto. Os gênios eram divindades intermediárias, que podiam ser boas ou ruins e que eram vistas como protetores dos homens. Cada homem tinha seu lote, ou seu destino, conforme o gênio que lhe acompanhasse.

[2] Em grego, πάθος (*páthos*), que significa "paixão", mas que no contexto deste livro tem o sentido de ser algo que afeta a alma, um tipo de aflição, uma perturbação.

[3] A argumentação de Plotino pauta-se em Plutarco de Queroneia, que elabora um discurso defendendo Eros como o deus do amor, em seu tratado *Diálogo do amor*, 755D-756D.

um gênio,[4] e um outro que é também uma paixão, e ainda qual é a natureza de cada um deles, convém examinar as concepções propostas pelos demais homens e quantas se originaram na filosofia a respeito disso e, sobretudo, quantas o divino Platão[5] concebeu; realmente, ele escreveu muitas coisas de diferentes formas sobre o amor dentre os seus diálogos; realmente, ele não somente versou sobre que o

---

[4] Plotino faz referência a Platão, *O banquete*, 203a, em que o filósofo afirma que Eros é um gênio ou um nume, que serve de intermediário entre os deuses e os homens.

[5] Filósofo grego, século IV a.C., discípulo de Sócrates, escritor do gênero dialógico pelo qual perpassam seus conceitos filosóficos de forma dialética. Platão fundou a Academia, que sobreviveu até 529 d.C., quando o imperador romano Justiniano ordenou sua destruição.

amor é uma paixão que se origina nas almas[6], mas também afirmou que ele era um gênio[7] e discorreu sobre o seu nascimento, como e de onde é que se originou[8].

Então, a respeito da paixão da qual culpamos o amor que se origina nas almas que anseiam enlaçar-se com algo belo, também, sem dúvida alguma, ninguém ignora que esse ímpeto existe nos que são prudentes e estão familiarizados à beleza em si mesma, e ainda em alguém que quer executar uma ação feia; mas de onde cada um tem o seu

---

[6] Referência ao pensamento platônico expresso em seu diálogo *Fedro* (ou do belo). *Diálogos III*. Tradução, textos complementares e notas Edson Bini. São Paulo: EDIPRO, 2008, 242b.

[7] Como dissemos, Platão afirma que o amor é um gênio em *O banquete*, 203a, raciocínio que ele inicia seu desenvolvimento a partir do passo 202d.

[8] PLATÃO, *O banquete*, 203a-e.

princípio; desde já, convém examinar por meio da filosofia. Quanto ao princípio, se alguém colocasse que é o desejo da beleza em si existente anteriormente nas almas também o reconhecimento, a relação e a compreensão irracional de afinidade poderia encontrar, eu penso, a verdadeira causa. Pois o que é feio é contrário tanto à natureza como a deus. De fato, a natureza atua olhando para o que é belo e para o que é delimitado, o que está "na mesma categoria do bem"[9]; mas o que é feio é ilimitado e de outra categoria. E a sua natureza tem sua origem lá de baixo[10] do bem e, evidente-

---

[9] ARISTÓTELES, *Metafísica*, 986b1. São Paulo: EDIPRO, 2015.

[10] Em grego ἐκεῖθεν (*ekeîthen*) palavra formada pelo advérbio ἐκεῖ (*ekeî*), que significa "ali", "lá", e também é um eufemismo ático para "lá no Hades"; "no mundo dos mortos" acrescida do sufixo θεν (*then*), que indica origem, prove-

mente, do que é belo. E alguém que ama outrem e tem afinidade com ele também se familiariza com suas imagens. Mas alguém que retira essa causa não poderá dizer de que modo e por quais causas se origina a paixão, nem quando o amor é por causa das relações sexuais. De fato, esses querem "procriar no que é belo"[11]; visto que seria estranho, porque a natureza quer conceber coisas belas, se ela quisesse

niência. Como os gregos acreditavam que o Hades ficava embaixo da terra, nos ínferos, optamos por traduzir como "lá de baixo", e "lá embaixo" nos passos seguintes. Tal percepção advém da teoria platônica, antes pitagórica, de anamnese, na qual os indivíduos trazem conhecimentos e sensações de suas vidas passadas. Consultar, por exemplo, o diálogo platônico *Fédon. Diálogos III.* Tradução, textos complementares e notas Edson Bini. São Paulo: EDIPRO, 2008, 72b. Algumas traduções trazem o termo "do alto" ou "lá de cima", o que, a nosso ver, espelha uma visão cristã de que os mortos ascendem ao reino dos Céus, diferente do grego, que concebia uma descida ao reino do Hades, a morada dos mortos.

[11] PLATÃO, *O banquete*, 206c.

gerar no que é feio. Mas para aqueles que são movidos para gerar neste mundo, é suficiente que tenham o que é belo lá embaixo, que está presente nas imagens e no corpo, visto que não se apresenta um arquétipo para eles, que é a causa para eles amarem o que vem lá embaixo. E eles atingem a recordação daquilo que provém lá de baixo, e amam isso pela imagem, mas não se lembram pela ignorância da paixão, isso aparece como verdadeiro. E, para os que são prudentes, a familiaridade com o que há de belo lá embaixo é irrepreensível e a inclinação para as relações sexuais é um erro. E para aquele que o amor pelo belo é puro, deve amar somente a beleza, quer pela sua lembrança, quer não, enquanto para aquele que o mistura, também há outro de-

sejo de ser "imortal em sua natureza mortal". Este procura o que é belo na eternidade e no perpétuo, e, segundo a natureza, engendra também no que é nobre e belo, semeando no que é eterno, mas no que é belo por sua afinidade pelo que é belo. De fato, também o que é perpétuo tem afinidade com o que é belo, e a natureza perpétua é tal beleza primitiva e tudo que vem dela é belo como tal. Então, quem não quer engendrar qualquer coisa é mais autossuficiente com o que é belo, mas quem deseja produzir outra coisa e quer produzir o que é belo pela necessidade também não é autossuficiente; também, se for produzir algo dessa espécie, pensa se isso vai se originar no que é belo. E os que querem engendrar contra a natureza, naquilo que é contrário à norma,

trilhando durante o seu início um caminho segundo a natureza, depois se tornam errantes desse caminho, como se escorregassem dele; permanecem perdidos, não conhecendo o amor que os conduz, nem o desejo de procriação, nem a utilidade da imagem da beleza, nem o que é a beleza em si mesma. Mas, então, há os amantes de belos corpos, não por causa da relação sexual, amam porque são belos corpos, e os que, por assim dizer, são amantes do amor misto[12], quando por mulheres, é a fim de que também sejam eternizados, quando não por elas, são iludidos; mas há aqueles homens que são melhores: são prudentes em ambos

[12] Idem. *As Leis* (incluindo Epinomis). Tradução, notas e introdução Edson Bini. Bauru: EDIPRO, 2010, 837b.

os casos. Mas alguns ficam satisfeitos e veneram a beleza deste plano, enquanto outros veneram a daquele; outros se recordam, também não desprezam nem esse mesmo lugar, porque isso também é uma realização daquele, um brinquedo de criança. Esses então estão em torno do que é belo e sem o que é feio, e eles também, por causa do que é belo, caem no que é feio; de fato, o ímpeto pelo bem frequentemente tem sua queda para o que é mau. E essas são as paixões da alma.

CAPÍTULO 2

Mas a respeito do amor que colocam como um deus, não somente os demais homens, mas também os que falam sobre os deuses[13] e Platão, que afirma em muitas

[13] Em grego, o termo utilizado é θεολόγοι (*theológoi*), que não optamos por traduzir por teólogos, visto que daria uma conotação cristã ao texto. Os teólogos, neste caso, são aqueles que escreveram sobre os deuses, como filósofos, historiadores e poetas; por exemplo, para o primeiro caso: Platão; para o segundo: Heródoto e por último: Hesíodo. Todos eles, em maior ou em menor grau, versaram sobre as atribuições e as origens dos deuses, também conhecidas como teogonias e cosmologias. Hesíodo, em particular, dedicou uma obra para esses temas: *Teogonia*.

passagens de sua obra que Eros[14] é "filho[15] de Afrodite[16]" e que tinha como função ser "o guardião dos belos rapazinhos"[17] e incentivador das almas para lá onde há beleza, ou

---

[14] Deus do amor, considerado primordial, gerado com Geia a partir do Caos; ler Hesíodo, *Teogonia*, 120-122. Há ainda a tradição poética que o associa a Hermes e Afrodite, sendo o resultado da união entre eles.

[15] PLATÃO, *Fedro*, 242d. Mas vale a pena registrar que Platão, pelas palavras de Fedro, afirma em *O banquete*, 178b, que:

> Eros é um grande deus, uma maravilha entre seres humanos e deuses, o que se manifesta de múltiplas maneiras, mas, sobretudo, em seu nascimento. Honramo-lo como um dos mais antigos deuses, do que é testemunho o seguinte: Eros não tem pais, nem há deles nenhum registro na prosa ou na poesia. Segundo Hesíodo, Caos foi o primeiro que veio a ser.

Como veremos adiante, há ainda o discurso de Diotima, reproduzido por Sócrates, no qual ela atribuíra sua filiação a Penia e Poros.

[16] Deusa do amor, filha de Urano, nascida dos órgãos sexuais de seu pai, cortados por Crono, que caíram nas ondas do mar e que, em suas espumas, geraram Afrodite. Nas águas do mar, a deusa foi levada à ilha de Citera e, em seguida, a Chipre.

[17] PLATÃO, op. cit., 265c.

ainda aumentar a tendência já existente para lá, devemos filosofar mais a respeito desse assunto; além disso, devemos admitir o que foi dito no *O banquete*[18]. Entre suas afirmações, ele diz que "Afrodite não o gerou, mas que ele foi gerado no dia do nascimento de Afrodite[19] por Penia[20] e

---

[18] *O banquete* é um diálogo dedicado ao elogio e ao louvor de Eros. Platão, com toda a sua maestria literária e filosófica, serve-se de excertos poéticos, narrativas míticas, conceitos da arte médica, de teorias filosóficas e outras, para examinar e definir a natureza e os atributos de Eros, igualmente para questionar e analisar esse sentimento singular chamado amor.

[19] Conforme o discurso de Diotima, relatado por Sócrates, em *O banquete*, 203b-c:

> Ora, Penia, sendo ela própria tão destituída de recursos, tramou ter um filho com Poros. Assim, deitou-se com ele e deu à luz Eros. Isso explica porque Eros desde o início tem sido o atendente e o servidor de Afrodite: de fato ele foi gerado no dia do nascimento dela.

[20] Personificação da Pobreza, Penia não aparece em outra narrativa mítica além deste diálogo platônico.

Poro[21]". E parece que seu discurso a respeito de Afrodite nos exigirá algo a dizer, quer sobre o que se diz que Eros nasceu dela, quer com ela. Em primeiro lugar, então, quem é Afrodite? Em seguida, como nasceu, ou dela, ou com ela, ou de algum modo que ele tenha nascido dela e, ao mesmo tempo, com ela? Dizemos, certamente, que Afrodite é de natureza dupla,[22] dizem que uma é urânia, "filha de Urano"[23], a

[21] Personificação do Recurso, filho de Métis, a personificação da Prudência. O mito de Poro aparece somente neste diálogo platônico.

[22] Em seu discurso, Pausânias afirma: "Uma, certamente, a mais velha e sem mãe, é filha de Urano, e a chamamos também Urânia; a outra, mais nova, é filha de Zeus e Dione, e a chamamos Pandemo"; consultar PLATÃO, *O banquete*, 180d.

[23] Personificação do Céu, filho de Geia, personificação da Terra. Urano é tratado como um elemento fértil. Consultar Hesíodo, op. cit., 118-206.

outra nasceu de "Zeus[24] e de Dione[25]", esta é uma delas que participa como incentivadora dos casamentos neste plano; enquanto aquela é sem mãe e está além dos casamentos, porque os casamentos não existem no céu. Mas a que dizemos que é urânia nasceu de Crono[26], aquele que é a inteligência, e é obrigatório que tenha a alma mais divina, imediatamente após ter nascido dele, que é puro, e permanecendo pura lá no alto, porque não quer nem pode ir para

---

[24] Pai dos deuses e dos homens, Zeus, filho de Crono e Reia, reinou sobre todos depois de destronar o pai.

[25] É uma das deusas da primeira geração divina, filha de Oceano e Tétis.

[26] Um dos Titãs, é o filho mais novo de Urano e Geia, pertence à primeira geração divina. Crono foi destronado por Zeus; para mais detalhes sobre seu mito, consultar Hesíodo, op. cit., 167 e ss.

as coisas deste plano, porque é próprio da sua natureza, não nasceu para andar entre as coisas de baixo, por estar separada por uma realidade e por não ser partícipe da matéria – por essa razão, insinuam que ela é desse tipo, que ela é "sem mãe"[27] – certamente, com justiça, alguém poderia dizer que ela é uma deusa, não um gênio, porque não se mistura e permanece pura em si mesma. Pois é puro em si mesmo o que nasce direto do intelecto, porque é forte em si mesmo por estar próximo dele, porque também existe um desejo e uma base por causa de sua geração, que é capaz de sustentá-la lá em cima; por essa razão, a alma não poderia

[27] PLATÃO, *O banquete*, 180d.

cair porque está suspensa pelo intelecto muito mais que o sol poderia por si mesmo quanto à sua própria luz que brilha, pela qual a partir dele está envolvido em si mesmo. Certamente, por seguir Crono, se quiser, o pai de Crono, Urano, e estar em atividade para ele, tornando-se familiar a ele e o amando, ela gerou Eros e com ele olha para seu pai, e a sua realidade está em atividade para a sua base e essência, e ambos olham para lá, e a geradora e o belo Eros gerado, a base para qualquer coisa bela sempre ordenada; e tendo entre eles a realidade nisso, tal como quem deseja e é desejado, o olho de quem deseja se apresenta a quem é amado por meio dele, pelo olhar daquele que é desejado, e correndo por si mesmo diante dele, e antes de ter oferecido àquele a

sua potência por meio do seu órgão de olhar, preenchendo-se pela sua visão; sem dúvida, quem primeiro vê não vê do mesmo modo que aquele, porque o objeto da visão está fixo naquele, e ele colhe os frutos da visão da beleza que corre ao seu lado.

Capítulo 3

Convém não duvidar que o amor seja a base e a essência vinda da realidade; ainda que reduzida, é uma essência do mesmo modo. De fato, aquela alma era uma essência originada da atividade vinda antes dela, que está viva, e da essência dos seres existentes, que olha para aquilo, que era a essência primeira, e olha-o profundamente. E a alma tinha a visão primeira disso e olhava para o seu próprio bem, alegrava-se enquanto o olhava, e essa era a natureza do seu olhar, porque não considerava supérflua a visão do que olhava, porque por tal prazer, pela tensão em direção

a ele, pela profundidade da sua visão, algo digno se origina dela em si e daquilo que foi visto. Então, por causa da prática dessa ação com intensidade sobre o que está sendo visto e por estar emanando tal sensação a partir do que está sendo olhado, os olhos são preenchidos, tal uma visão com uma imagem. Eros originou-se rapidamente, talvez, também sua denominação venha disso, mais por ele originá-la,[28] porque tem a base da visão; uma vez que a paixão vinda dele teria o seu nome, se é verdade que a essência é anterior a não essência – todavia, a paixão é chamada de "amor" –[29] e se é

[28] Plotino aventa a possibilidade de haver uma relação entre o nome de Eros, em grego, Ἔρως (*Érōs*), com o verbo olhar, em grego ὁράω (*horáō*).

[29] Reflexão tecida claramente a partir do afirmado por Platão em *O banquete*, 199d-e.

verdade que o "amor por este toma alguém", sem complexidade não se poderia chamar "amor". Certamente, Eros da alma está no alto e poderia ser de tal natureza, vendo também ele mesmo para o alto, porque ele é seguidor daquela[30], originou-se dela, está ao lado daquela e se contenta com a contemplação dos deuses. E dizem que aquela alma existe separadamente daquela que primeiro brilhava no céu, e estabeleceremos que esse Eros é também separado – se, sobretudo, ainda dissermos que essa alma é celeste; visto que também dizemos que o que há em nós é o melhor em nós, igualmente estabelecemos que isso em si mesmo existe

---

[30] Trata-se de Afrodite, a urânia, filha de Urano, personificação do Céu.

separadamente – que esteja somente lá, onde está a alma, a pura. Visto ainda que uma alma devia ser deste universo, e já se coloca como fundamento com essa[31] e o outro Eros também é um olho dela, e também ele se originou do apetite. E a própria Afrodite, sendo deste mundo e não somente uma alma nem uma alma sem complexidade, deu origem a Eros neste mundo, que já participa também ele dos casamentos[32], conforme participa também do apetite no alto, conforme tal natureza, incentivando também a alma dos

---

[31] Afrodite.

[32] Identificamos nesse passo a reflexão plutarquiana sobre o papel do deus Eros no casamento. Em *Diálogo do amor*, Plutarco narra vários episódios amorosos para apresentar sua teoria do amor, fundamentada pela proteção de Eros e pelo seu espaço de atuação, o casamento (769D-771C).

jovens e colocando em ordem a alma que se desviou, na medida em que também ela vai por natureza para a memória daqueles. Pois toda alma se move para o bem, tanto a que é misturada como a que se originou de uma natureza; visto que também ela vem em seguida daquela e dela se origina.

Capítulo 4

Será, então, que cada alma tem um amor dessa natureza em essência e realidade? Ou por que a alma universal e a do mundo terão um amor com uma substância real, ou não existe a alma de cada um de nós, além disso, também nas almas que existem em todos os animais? E esse amor é o gênio que se diz que acompanha cada um de nós, é o amor de cada um em si?[33] Pois esse seria também aquele que introduz os desejos, conforme a natureza de

[33] Indagação que nos remete ao afirmado por Platão em *Fédon*, 107d e 113d.

cada alma, porque cada uma deseja de modo proporcional para a sua própria natureza e engendra o amor para o que lhe é digno e para a sua essência. Certamente, que tenha a alma universal um amor universal, e as que estão divididas em partes o amor que é próprio de cada uma. Na medida em que cada uma não está separada da que é universal, mas compreendida nela, como se todas fossem uma única, também cada amor teria relação com o mundo; mas, por sua vez, ele convive especialmente com a alma em particular ou com a universal, e o grande amor também convive com o todo e com o mundo todo, por toda parte dele; também, por sua vez, ele é único em si mesmo e se torna e é muitos, manifestando-se por toda parte do mundo onde

ele quiser, assumindo certas formas em suas partes e aparecendo, se quiser. Mas devemos pensar que também existem muitas Afrodites no universo, que são gênios nele e originam-se com o Eros, provindo de uma Afrodite universal, em particular, muitas dependentes daquela com os amores que lhes são próprios; se é verdade que a alma é a mãe do amor, Afrodite é a alma, e o amor é a atividade da lama desejosa do bem. Então, esse amor conduz cada uma para a natureza do bem[34], e poderia ser no alto um deus,

[34] Reflexão pautada no que é postulado por Platão em *O banquete*, 206a e *A República*. Tradução, textos complementares e notas Edson Bini. São Paulo: EDIPRO, 2014, 501d.

que sempre une a alma ao bem, enquanto o que é da alma misturada poderia ser um gênio[35].

[35] Percebemos aqui que Plotino tece uma reflexão amparado nas ideias de Platão e de Plutarco sobre a natureza de Eros. Como vimos, Platão o trata como um gênio, um ser intermediário entre os homens e os deuses, enquanto Plutarco o trata como um deus em si. Desse modo, notamos que Plotino se utiliza de ambos os conceitos para definir Eros, sem negar nenhum deles – pelo contrário, ele os reinterpreta e os atribui aos diferentes Eros, cada qual com a sua definição, de acordo com a sua categoria.

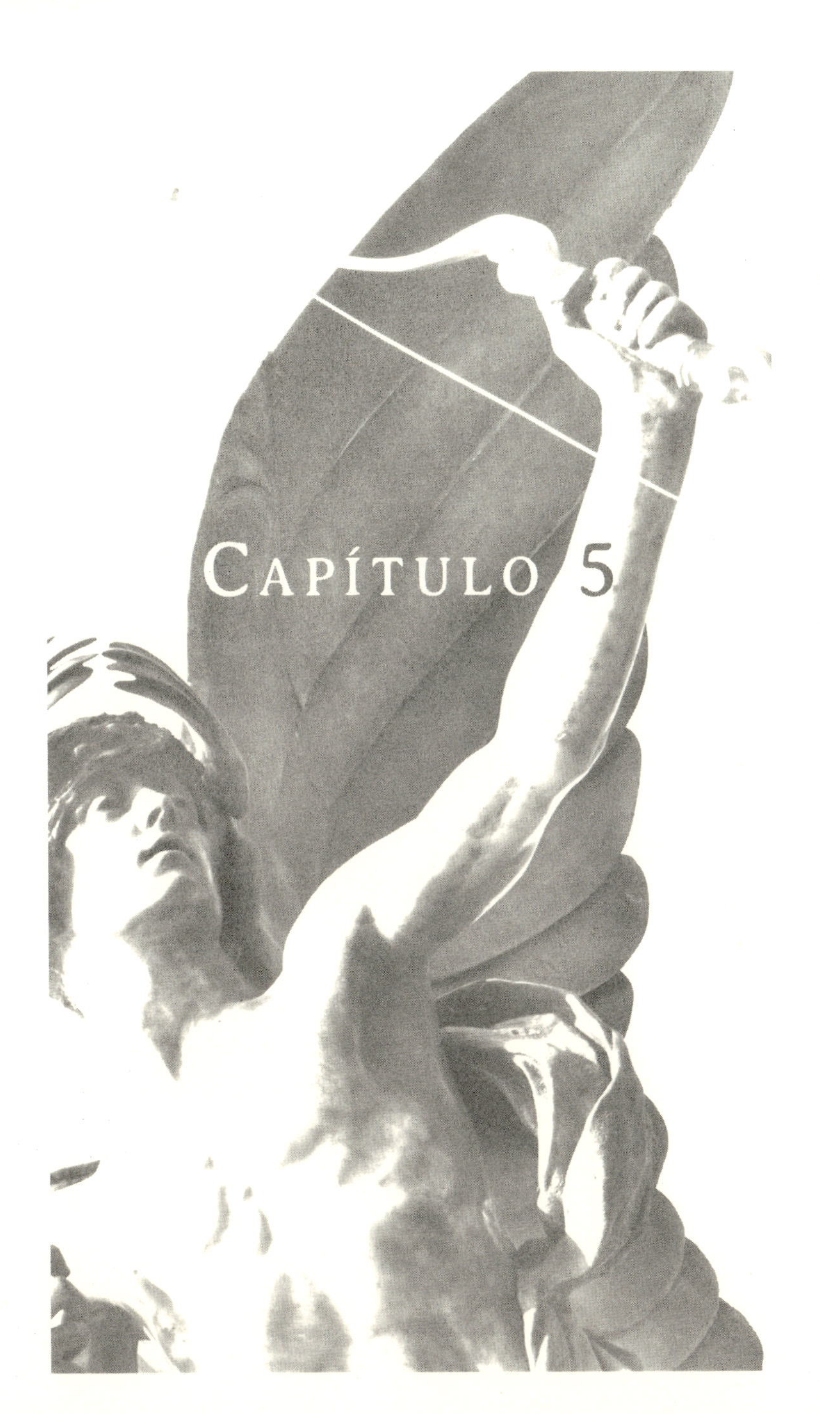

Capítulo 5

Mas quem é o gênio e, em geral, a natureza dos gênios, a respeito disso também é dito em *O banquete*[36], ou a respeito da dos demais, também a natureza do próprio Eros, que é nascido de Penia e de Poro, filho de Métis[37], no mesmo

---

[36] PLATÃO, *O banquete*, 203b-c.

[37] Filha de Oceano e de Tétis, Métis é uma divindade da primeira geração que personifica a Prudência, mas sob outra perspectiva mais negativa, também personifica a Astúcia. Também conhecida por ser a primeira esposa e amante de Zeus. Diz-se que o senhor dos homens e dos deuses recebeu um oráculo que o informava sobre o perigo que seu reinado corria se ele tivesse um filho com ela. O oráculo previa que o filho de Zeus com Métis destronaria seu pai e ocuparia o seu lugar, tal como Zeus fizera com seu pai Crono; então Zeus engoliu sua esposa grávida. Para a sorte da criança, Métis estava grávida de uma menina, a deusa Atena, que nasceu da cabeça de Zeus.

dia do nascimento de Afrodite? Então, por um lado, supor que foi explicado por Platão que o mundo é este Eros, mas não que não é de uma parte do mundo, porque Eros nasceu nele, tem muitas coisas contrárias nessa opinião, porque o mundo é chamado "deus bem-aventurado"[38] e é autossuficiente, mas é consentido pelo filósofo que esse Eros não é nem um deus, nem autossuficiente, mas está sempre em indigência. Nessas condições, se é verdade que o mundo existe pela alma e pelo corpo, e que a alma do mundo é a Afrodite que ele possui, é necessário que a parte principal de Eros seja Afrodite; ou, se o mundo é a sua alma, tal como

---

[38] Referência ao diálogo platônico *Timeu. Diálogos V.* Tradução, textos complementares e notas Edson Bini. São Paulo: EDIPRO, 2014, 33d e 34b.

também a alma do homem é o homem[39], é necessário que Afrodite seja Eros. E, então, por que esse amor é um gênio, ele será o mundo, e os demais gênios – pois é evidente que são da mesma essência – também não o serão? E o mundo será em si mesmo uma reunião de gênios. Mas aquele que é chamado "o guardião dos belos jovens", como poderia ser o mundo? Como iria se aplicar o "sem leito", o "descalço" e o "sem casa"[40] se não com mesquinhez e discordância?

[39] Plotino tece seu raciocínio embasado no afirmado por Platão em seu diálogo *Alcibíades*, 130c, e em *As Leis*, 959a.

[40] PLATÃO, *O banquete*, 203d.

Capítulo 6

Mas, com certeza, o que é preciso dizer a respeito de Eros e do seu chamado nascimento? Certamente, é evidente que devemos compreender quem é Penia e quem é Poro, e também como esses seus progenitores são adequados. É evidente que eles são adequados aos demais gênios, se é verdade que a natureza deve ser também uma essência única de acordo com os gênios como gênios, a não ser que tenham somente um nome em comum. Portanto, consideremos o modo como distinguimos os deuses dos gênios, ainda que, muitas vezes, também afirmamos

que os deuses são gênios quando são outra coisa, enquanto afirmamos que são entre eles uma raça diferente, certamente dizemos que a dos deuses é impassível e que a consideramos uma raça, enquanto atribuímos paixões aos gênios, e dizemos que esses são seres eternos e sequenciais aos deuses, já em direção a nós, como intermediários entre os deuses e a nossa raça. Certamente, de algum modo, então, esses não permaneceram impassíveis, e de algum modo desceram em sua natureza em direção ao que é pior? Além disso, esse assunto deve ser examinado, acaso não existem gênios no mundo inteligível e, por sua vez, existem somente gênios neste mundo, enquanto um deus se restringe ao mundo inteligível, ou se "existem

deuses também aqui"[41] e um deus é o mundo, tal como se costuma dizer, também é um "terceiro deus"[42] e também cada um dos astros e até a lua é um deus. Melhor dizer que não existe nenhum gênio no mundo inteligível, mas, se existe um gênio em si mesmo, também esse é um deus, e, por sua vez, no mundo sensível os astros e até a lua são deuses visíveis[43], deuses secundários, que existem depois deles e estão de acordo com os deuses inteligíveis, e dependem deles tal como o brilho em torno de cada astro. Mas o que são os gênios? Será que é o vestígio que se

---

[41] HERÁCLITO, fr. 9 Diels.

[42] NUMÊNIO, fr. 21 Des Places.

[43] PLATÃO. *Timeu*, 40d e *Epinomis*, 984d.

origina de cada um, de cada alma que está no mundo? E por que cada alma está no mundo? Porque a alma pura engendra um deus e porque dizemos também que o amor dessa alma é um deus. Em primeiro lugar, certamente, por que todos os gênios não são amores? Nessas condições, como não são puros de matéria? Ou os amores que são engendrados pela alma quando desejam o bem e o belo, e que todas as almas que estão neste mundo engendram esse gênio; mas os outros gênios provêm dessa alma e também esses da alma do mundo, e por outras potências são engendrados, conforme a necessidade do universo – completa – e se dirigem para cada uma das coisas para o proveito do mundo. A alma do mundo deveria ser sufi-

ciente para o mundo para engendrar as potências dos gênios que sejam úteis ao universo. Mas como e de qual matéria compartilham? Certamente, não da corporal, ou seriam seres vivos sensíveis. De fato, o corpo se liga aos elementos do ar e do fogo, mas a natureza deve ser em primeiro lugar diferente dele, a fim de que também participe de seu corpo; pois o que é puro não se mistura direta e totalmente com um corpo; todavia, para muitos pode parecer que é a essência do gênio na medida em que é um gênio em companhia de um corpo, ou um elemento do ar ou do fogo. Mas por que uma essência se mistura com um corpo e a outra não, a não ser que exista uma causa para essa mistura? Então, qual é a causa? Deve se

supor que seja uma matéria inteligível, a fim de que aquilo que tem em comum com ela chegue, por meio dela, na matéria dessa espécie, que a dos corpos.

Capítulo 7

Por tudo isso também, no nascimento de Eros, Platão diz que "Poro tinha a embriaguez pelo néctar, porque vinho ainda não existia"[44], porque Eros nasceu antes do mundo sensível e Penia participava de uma natureza inteligível, mas não de uma imagem nem uma aparência do mundo inteligível, mas nascida lá, e por ser misturada de forma e indeterminação, a que a alma tinha antes de

[44] PLATÃO. *O banquete*, 203b.

alcançar o bem, predizendo[45] que seria algo indeterminado e de uma aparência ilimitada, dando à luz uma realidade de Eros. Portanto, uma razão que não está na razão, mas em um desejo indeterminado e na realidade obscura, produziu um ser que não é perfeito nem suficiente, mas incompleto, nascido de um desejo indeterminado e de uma razão suficiente. E Eros não é uma razão pura, porque tem em si mesmo um anseio indeterminado, irracional e ilimitado; pois não vai se completar jamais, até que tenha em si mesmo a natureza do indeterminado. Eros depende da alma porque dela originou-se como princípio e porque é uma mistura

[45] Idem. *A República*, 505e.

derivada da razão que não permaneceu em si mesma, mas que se misturou à indeterminação, embora não tenha sido a razão que não se misturou com a indeterminação, mas algo que provém dela que se misturou com aquela. Eros é tal um arrebatamento de loucura, indigente por sua própria natureza; por esse motivo, ocorre de se tornar indigente outra vez; pois não pode se preencher por aquilo que não tem uma mistura; somente se preenche verdadeiramente porque, de fato, se preenche por sua própria natureza. E o que, por sua convivência com a necessidade, anseia, e ainda que se preencha por um momento, não a retém; visto que também é um ser engenhoso em si por causa da sua necessidade, e capaz de obter as coisas por causa da natureza

de sua razão[46]. Deve-se ainda considerar que todo gênio é dessa natureza, que também provém de tais espécies; de fato, cada um, no lugar em que lhe foi prescrito, é capaz de ser engenhoso por aquilo, porque anseia por seu bem, e tem a mesma origem que Eros, também não se satisfaz em nada em si mesmo, ansiando algo em particular dentre os bens. Por esse motivo também, os homens bons daqui têm esse amor do bem absoluto e do bem real, porque têm um tipo de amor; mas os demais gênios estão ordenados conforme um e outro gênio foi prescrito, e com o absoluto anseiam pelo que chama a atenção e produzem conforme o

[46] Idem. *O banquete*, 203d.

outro gênio, o que escolheram[47], que está de acordo com a parte da alma que opera neles mesmos.

Aqueles que anseiam coisas más, porque seus maus desejos foram originados neles mesmos, acorrentaram todos os amores que existiam neles, tal como a reta razão, que a qualquer um é inata, por opiniões más que lhes sobrevêm. Os amores existem por natureza e, conforme ela, são belos; mas aqueles que têm a alma inferior são inferiores em dignidade e potência, enquanto os outros são superiores, mas todos se mantêm na sua própria essência. Aqueles que fizeram a alma cair em desgraça por um amor

[47] Idem. *A República*, 620d.

contra a natureza, esses são paixões, e de modo algum têm uma essência nem uma realidade substancial, são ainda engendrados pela alma, mas coexistem com o vício da alma que produz suas semelhanças em suas disposições e permanências. De fato, em geral, é bem possível que os verdadeiros bens, conforme a natureza da alma, que atua nos limites do ser, e os bens restantes, que não produzem o que vem dela, não são nenhuma outra coisa que paixões dela; tal como os pensamentos falsos não têm sua essência em relação a si mesmos, como os pensamentos realmente verdadeiros, eternos e definidos que por igual detêm o pensar, o inteligível e o ser, não somente no pensamento em geral, mas também em cada um sobre o que realmente é inteligí-

vel e a inteligência que há em cada um; se isso deve ser estabelecido por nós, há um intelecto e uma inteligência que são puros – ainda que não sejam por igual, que seja próprio de nós mesmos, mas em geral é assim –, por esse motivo também temos o amor pelas coisas simples, de fato, são os nossos pensamentos. Ainda que algo entre elas exista no particular, é um acontecimento do acaso, tal como se isso fosse um triângulo, considera-se que têm dois ângulos retos, conforme isso, que é um triângulo simples[48].

[48] Ibidem, 510 d-e.

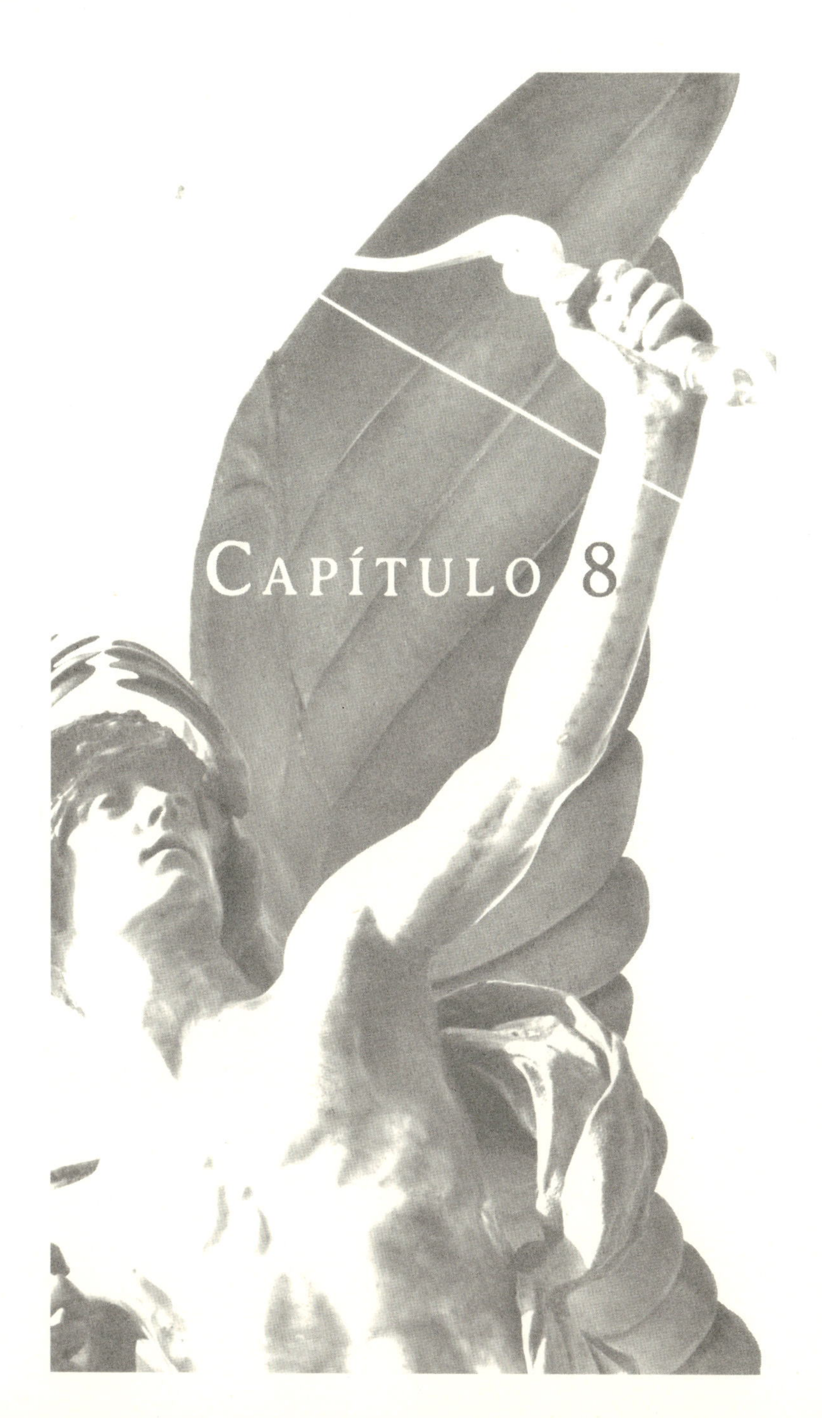

Capítulo 8

Mas quem é Zeus, Platão diz onde fica o jardim no qual Poro entrou? Também, qual é esse jardim? Pois Afrodite era, para nós, a alma, enquanto dizia que Poro era a razão de todas as coisas. O que devemos por isso entender quem é Zeus e seu jardim? Não devemos entender que a alma é Zeus, mas Afrodite, por entendermos isso. Certamente, devemos tomar aqui as palavras de Platão que provêm do *Fedro*[49] e afirmam que esse mesmo

[49] Diálogo platônico, composto em 370 a.C., que versa especialmente sobre o amor, mas também sobre a arte retórica. Fedro é interlocutor de vários

deus é o "grande comandante"[50], enquanto em outros diálogos, penso, ele ocupa o "terceiro lugar"[51]; e é mais claro no *Filebo*[52], quando afirma que "em Zeus há uma alma régia e uma inteligência régia"[53]. Portanto, se Zeus é uma grande inteligência e uma alma, também está ordenado entre as causas, mas, de acordo com o que é melhor,

---

diálogos escritos por Platão; no entanto, não dispomos de dados biográficos a seu respeito.

50 PLATÃO. *Fedro*, 246e.

51 Idem. *Carta II. Cartas e Epigramas*. Tradução, textos complementares e notas Edson Bini. São Paulo: EDIPRO, 2012, 312e.

52 Diálogo platônico composto entre 360 e 347 a.C., cujo tema central é o prazer, discutido sob a perspectiva da dialética e da ontologia. A personagem que dá nome ao diálogo nos é desconhecida.

53 PLATÃO. *Filebo. Diálogos IV*. Tradução, textos complementares e notas Edson Bini. Bauru: EDIPRO, 2009, 30d.

deve ser ordenado por causa das demais e porque é a causa, o ser que rege e comanda, que estará de acordo com a inteligência, e a Afrodite própria dele e que provém dele, e que está com ele conforme a alma que lhe será prescrita; segundo o que é belo, brilhante; a inocência e a delicadeza da alma em razão disso é chamada Afrodite. De fato, se ordenarmos os deuses de acordo com a inteligência dos que são masculinos, enquanto dissermos que as femininas dentre eles estão acordo com as almas, assim como cada inteligência está associada a um tipo de alma, poderia também por isso Afrodite ser a alma de Zeus; por sua vez, testemunham por esse raciocínio os sacerdotes e os que falam sobre os deuses, que por esse motivo associam

Afrodite à Hera[54], e dizem que o astro de Afrodite está no céu de Hera.

[54] Filha de Crono e Reia, irmã e esposa de Zeus, é a principal deusa do Olimpo. A principal característica de Hera retratada na literatura é a sua indignação diante da infidelidade de seu companheiro, não poupando esforços para perseguir os amantes de Zeus e os frutos dessas uniões ilegítimas.

Capítulo 9

Portanto, Poro é a razão das coisas em que há o inteligível e a inteligência, e, sobretudo, quando se espalha e, por assim dizer, também se desdobra, poderia ocupar-se da alma e alcançar a alma. Pois o que está fechado em si mesmo no intelecto, e que não está além dele para Poro, com ele embriagado, o que tem de plenitude é provocado por sortilégios. Mas o que lá o deixa pleno de néctar, o que poderia ser senão a razão caída um princípio superior para um inferior? Portanto, essa razão vem da inteligência e se instala na alma, quando se diz que

Afrodite nasceu[55] e Poro entra no jardim dele[56]. Um jardim que é todo esplêndido e "ornamento da riqueza"[57]. Adquire seu brilho pela razão de Zeus, também os seus belos ornamentos vêm da sua própria inteligência e, esplendorosos, vão para a alma. Ou o que poderia ser o jardim de Zeus, senão seu ornamento e seu esplendor? E o que poderia ser o ornamento dele e seu adereço, senão as razões que fluem dele? Mas, ao mesmo tempo, as razões são Poro, a abundância[58] e a riqueza das coisas belas, já em

---

55 PLATÃO. *O banquete*, 203b.

56 Ibidem.

57 TUCÍDIDES. *História da Guerra do Peloponeso*, II, 62.

58 O termo em grego é εὐπορία (*euporía*), que algumas traduções trazem apenas como a palavra "euporia", o que, na verdade, é a transliteração da palavra

sua manifestação. E isso é o embriagar-se com o néctar[59]. Pois, o que é o néctar para os deuses senão o que nutre o divino? E por servir de fundamento para a inteligência, o divino traz consigo a razão; e a razão tem em si mesma sua saciedade, e tendo isso, não se embriaga. Pois não possui nada provocado por sortilégio. E a razão é um produto da inteligência e uma realidade que vem depois da inteligência, porque não existe ainda em si mesma, mas existe em outro lugar, e afirma-se[60] que existe no jardim

---

grega, visto que o termo, além de significar "abundância", também nos remete à ideia de "facilidade para algo" ou "a percepção clara e distinta de algo".

[59] PLATÃO, op. cit., 203b.

[60] Ibidem, 206d.

de Zeus, onde Poro vai deitar-se, e lá ainda afirma que Afrodite passa a existir entre os seres vivos. Os mitos devem, se são realmente verdadeiros, ser divididos em suas épocas quanto às coisas que contam, também ser distinguidos por classificações uns dos outros; muitos seres que estão juntos com outros seres são distintos por sua classificação ou por suas potências, como quando também os discursos platônicos compõem a gênesis daqueles que não nasceram, e distinguem por classificações os seres que existem conjuntamente; depois de ensinarem que podem permitir a quem já os compreendeu reuni-los. E a reunião é: a alma se une com a inteligência e começa a existir pela inteligência, e, por sua vez, preenche-se por suas

razões e bela se enfeita com seus maravilhosos ornamentos, preenchida por sua abundância; é possível ver em si mesma coisas muito esplêndidas e imagens de todas as coisas belas, e é Afrodite, em sua totalidade, e todas as razões nela são abundância e Poro, quando o néctar flui das coisas lá do alto; as coisas esplêndidas que existem nela repousam na sua vida, é o chamado jardim de Zeus, onde também Poro dorme, pesado, preenchido por néctares. Porque a vida aparece e existe sempre nesses seres, os deuses dizem que se banqueteiam, como estando em tamanha felicidade. E assim sempre existiu Eros pela necessidade vinda do anseio da alma pelo que é o melhor e o bem, e existiu sempre, desde quando também existe a alma, Eros.

E este é um ser misturado que participa da indigência[61], pelo que quer se saciar, mas não é excluído da abundância, pelo que procura ter o que lhe está faltando; certamente, não procuraria o bem se não tivesse de algum modo participação no bem. Portanto, diz-se que Eros nasceu de Poro e de Penia, pelo que a carência e a ânsia, e também a lembrança das razões, conjuntamente reuniram-se na alma e engendraram a atividade em direção ao bem, e isso é o amor. E sua mãe é Penia, porque sempre a sua ânsia é própria de um indigente[62]. E Penia é a matéria,

61 PLATÃO, op. cit., 203d.

62 Ibidem, 200a-e.

porque a matéria também tem a necessidade de todas as coisas, e é algo indeterminado pelo desejo do bem – pois não tem uma forma nem razão naquele que anseia por isso –, e torna o ser que a anseia mais material, na medida em que deseja. Mas a forma que existe somente para si mesma, permanece em si mesma. E, como anseia receber, prepara a matéria que receberá no futuro. Assim, Eros é um ser material, uma espécie de gênio que provém da alma, na medida em que ela carece do bem, mas o anseia.